JN411122

아카시아

그늘 아래서

서정대표시선 ● 26

아카시아 그늘 아래서

초판·펴낸날 | 2014년 7월 25일

지 은 이 | 윤인자
펴 낸 이 | 윤송석
편 집 | 차영미

펴 낸 곳 | 서정문학
주 소 | 서울시 성동구 천호대로 366(미라보타워 911호)
전 화 | 02-720-3266 FAX | 0505-115-3266
홈페이지 | http://cafe.daum.net/seojungmunhak.com
이 메 일 | sjmh11@hanmail.net
등 록 | 2007. 12. 18 제2012-000061호

ISBN 978-89-94807-35-5 03810
정가 9,000원

* 이 도서의 국립중앙도서관 출판예정도서목록(CIP)은 서지정보유통지원시스템 홈페이지(http://seoji.nl.go.kr)와 국가자료공동목록시스템(http://www.nl.go.kr/kolisnet)에서 이용하실 수 있습니다.(CIP제어번호: CIP2014019709)

서정대표 시선 · 26

아카시아 그늘 아래서

윤인자 시집

서정문학

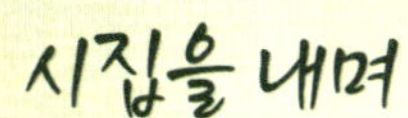

내 인생 봄 길목에서 항상 시집을 손에 들고
있었습니다.
시를 읽으면 가슴이 뛰었고, 눈물이 났으며,
따뜻해졌습니다.
시인이 되려는 것은 아니었습니다.
그러나 여름 길목에 들어서며 몸살을 앓았습니다.
그리고 시를 배우기 시작했습니다.
시를 쓰면서 그리움, 사랑, 행복의 의미를 알았고,
커다란 그리움이 늘 저를 따라다녔습니다.
제 시가 가슴에 닿아 그리움의 꽃으로 피는
시였으면 합니다.

contents

제2부 사랑

제3부 그리움

제1부 행복

밤하늘 별들에게
어린 시절 친구들 별명
하나씩 하나씩 불러준다

저 멀리 떨어져 있어도
푸른 별들이 우르르 내려와
'좋은 꿈 꿔, 야마꼬'
내 귓가에 인사한다

숲에서

숲길을 걷다 보면
훈풍 타고 들려오는
작은 새의 유혹

소리따라 들어가다 보면
길이 아니다

정신 가다듬고
여기저기 찾는다

보일락 말락
내 눈을 홀리는
길라잡이 안내끈

오늘도
누군가의 따스한 마음으로
무사히 돌아왔다

숲에서 늘 감사하며
살아야 함을 배운다.

봄맞이

아기 고양이 한 마리
벚나무 아래 앉아
눈동자 속에 꽃물 담근다

한 걸음 한 걸음 늦추어
반대편 의자에 앉아
눈동자 속에 꽃물 담근다, 나도

우리들 눈빛이 부딪치는 순간
꽃들도 뜨거웠나
수줍게 다문 입술 벌려
하르르 하르르

바삐 걷던 걸음 멈추고
아기 고양이가 되니
봄도 다가왔다, 나에게.

그럴 나이지

찰칵
문을 잠그는 순간부터 의심의 개미굴이 고개 든다
가스의 밸브는 잠갔을까
전기 코드는 뽑았을까
딸깍
다시 들어가 둘러본다

버스 승강장에 도착하는 순간
아~차! 핸드폰
허겁지겁 되돌아가 챙겨 나오며
현관문 재차 확인한다

"402호 어디가?"
301호 언니 말에
핸드폰 깜박해 다시 왔다고 하자
"그럴 나이지" 한다

아침이 서서히 물러나고
저녁이 줄달음치듯이 뒤따라오는 나이
버스에 올라 의자에 앉으니

다리 힘이 풀리며 귓가에 맴도는 말
그럴 나이지.

민들레

씨앗 하나 날아와
홀로 사는 할머니 집 마당에 앉았다

연두색 한복 한 벌과 약봉지가 수북한 할머니 향해
민들레가 몸을 낮추고 노란 꽃대 하나 올렸다

폐지 주워 사는 할머니
민들레가 추울까 봐 박스 오려 집 만들어 주셨다

민들레는 가슴이 뛰었다
할머니께 장미처럼 향기를 선물하고
말벗이 되고 싶었다

민들레가 노란 꽃 피우던 날
할머니 방문은 열리지 않았다

그 다음 날
그 다음 날도

어느 날
장정 한사람이 와
방문을 활짝 열더니
할머니도 한복도 사라졌다

민들레도
이 세상이 버거워
하얗게 솜 꽃 피우더니
할머니 바람따라 떠났다.

꿈을 찾아

한 여자가 달려간다
되돌아갈 수 없기에
앞길만 보며
얼마나 남아 있는지 몰라 달린다
길이 아니다 생각되어
우회전 좌회전하며 꺾는데
일방통행로이다
좁은 길을 벗어나
우회전으로 꺾는데
덜커덩덜커덩
비포장 지방도로다
돌멩이가 튀어 차르르 부서지고
먼지가 부옇게 내려앉은 백미러
쳐다봐도 따라오는 차 한 대 없다
터덜터덜 달리던 차 앞에
마주 오는 차 한 대
반가운 마음에 차창 문을 열고
손을 흔드니
먼지만 뿌옇게 일으키고 쓱 지나간다
그 오싹함

'후' 한 번
숨을 내쉬고
또 달린다
'여기서도 내가 투명인간인가?'
한 여자가 또 달려간다, 꿈을 찾아.

친구야 3

아프지 마라
슬퍼하지 마라
애쓰지도 마라
삶이란 그리움을 안고 가는 길

네가 부르는 소리에
뜨겁게 달려가 포옹할
준비하며 기다린다

나뭇가지에 앉아 사랑의 노래 부르는
새들의 사랑가에
찔끔 눈물 흘려라

바람이 먹구름 몰고 와
가슴 적시면
바보가 웃는 웃음도 찔끔 흘려보아라

닿은 듯 닿을 듯
네 손길이 못 미침을 감사해라

내 손이 닿는 순간
사랑이 너울거리며 달아나
두견새처럼 우는 네 모습 싫다

그리움을 안고
호올로 걷는 것도 행복이란다

아프지 마라
슬퍼하지 마라
애쓰지도 마라.

넌 장미야

꽃은 역시 장미지
“난 장미가 최고로 좋아”
그녀의 말에 섬뜩함이 다가온다

“물론이지
독이 있고
가시도 있지 누구처럼”
장미 향이 열렬하게 흔들어
내 옹알이 덮어버린다

그녀와 맞서고 싶은 마음은 없다
오만 가지 색깔 뽐내는 장미처럼
그녀의 외모도 눈이 부시다

햇살에 드러나는 광채
그녀의 완벽한 주연 앞에 슬픔이 몰려온다

가지가 돋지 않으면 목숨을 부지할 수 없듯이
세상에 독을 품지 않고 살아갈 수 없었던 10년

남편의 외도로 이혼하며
세 아이를 양육하려니 힘들었다
결국 수면제를 먹던 날 남긴 말
'살아가는 것이 왜 이리 힘드냐?'

입에 달고 살던 그녀가
게 거품처럼 독을 품고 산 것은
아이들을 슬프게 한 죄책감

"아이고 내 몸이 근질근질하네
가시가 돋아나기 시작하나 봐"
렌즈보다 깨끗한 그녀의 밝은 미소에
"그래 넌 장미야"
내 장단에 45도 각도로 셀카 찍는다.

별명

고향에 가도
나 혼자 그리워해야 한다

마당에 모깃불 피워 놓고
평상에 모기장치고 누워

밤하늘 별들에게
어린 시절 친구들 별명
하나씩 하나씩 불러준다

저 멀리 떨어져 있어도
푸른 별들이 우르르 내려와

'좋은 꿈 꿔, 야마꼬' *
내 귓가에 인사한다.

---

* 야마꼬 : 키작은 나의 별명 '꼬마야'를 거꾸로 발음하면 '야마꼬'

하늘나라에도 개통開通해야겠네

옥색 한복차림의
어머니 모습 닮은 아주머니
"얼마예요?"
어머니 목소리다
'엄마!'
터져 나오는 신음을 삼키며
그녀를 따라 몇 걸음 걷다
주저앉아
동생에게 전화를 건다
"어머니 닮은 사람을 봤다"
"하늘나라에서 그렇게 다니신가
하늘나라에도 휴대폰 개통開通해야겠네" 한다

5·18
-33주년을 맞아

유난히 푸르고 맑은 그날
우다방에서 우정과 희망과 사랑이 가득했었지요
독재에 관해서
정치권력에 관해서
아무도 말하지 않았습니다

쿵쿵쿵
빠른 발걸음에 뒤숭숭해진 분위기
검은 구름 떼에 소름 끼쳤고
총성이 날뛰었습니다

마약을 투약한 창검이
하나둘 순결한 친구들 쓰러뜨리고
맨발로 자식들 찾아 헤매는
어머니의 울부짖음에
금남로는 아비규환이 되었지요

믿을 수 없는 일에
징그러운 일에 맞섰습니다

버려서는 안 될 민주화
잊어서는 안 될 그날

당신들의 노랫소리
임을 위한 행진곡이
서른세 해인 오늘도 울려 퍼집니다.

클릭

컴퓨터에 전원을 켜고
부팅이 되는 동안 물이 끓었다
생강나무 꽃잎을 서너 개 넣고
눈짐작으로 물을 부었다
그러는 동안에
바탕화면에 수상한 세상이 떴다
마우스를 움직여도 꿈쩍을 하지 않는다
'알 수 없는 영역'
자꾸만 목이 마르다
목이 탄다
클릭 다시 클릭 더블 클릭
걸었던 문고리가 열리지 않는다
무엇이 내 영역을 침범했을까
위아래로 천천히 훑어보다
두드리다 지쳐 낯선 공간이 되니
무서워진다 섬뜩하다
방문을 클릭 더블 클릭
'페이지를 여는 중' 이 떴다
이제 기다려야지.

고향

넉넉한 가을 맛이 그리워
찾은 고향

화롯불 뒤적이며 먹었던
군밤, 인절미, 고구마
곶감, 달싹한 무

정신없이 먹어대는
우리를 바라보던 정겨운 눈빛

얼어 있는 홍시가
몸을 풀어 단물 내리는 동안

옛이야기 들려주었던
아버지의 목소리

쪼~옥
속살의 부드럽고 달콤한 맛은
아버지의 이야기와 어울렸었지.

신발

아들 신발 사러 신발가게 들렀다
그 사이 5㎜ 커진 아이에게 신발 신어보라 했다
아이가 엄마는 신발 사이즈 변함없어 좋겠다 한다
왜 이리 실웃음이 나오는지

나도 어릴 땐 발이 자라 240㎜ 신발은 신을 수
있을 줄 알았다
그런데 그런데 225㎜에 멈췄다
새 신발 살 때면 가게 아주머니께서
장래희망 물었다
난 간호사, 약사, 선생님 등 말했었지

신발가게 가서 내 꿈을 말했는데 멈추었다
발이 자라지 않으면서 더 이상 꿈도 자라지 않았다
그 많던 꿈이 하나둘 내 곁을 떠났다
함께 꿈꾸던 친구들도 어디론가 가버렸지

구멍 난 포대 좁쌀처럼 솔솔 빠져버린 꿈들
5㎜ 더 큰 신발 사서 신었다
어릴 적 엄마 하이힐 신었을 때처럼 키가 컸다

하지만 내 몸이 균형을 잡을 수 없었지

'그래 분수 지키며 살자'
검은 봉지 속 헌 신발로 갈아 신었다
삼거리 사거리 지나
균형 잡고 집으로 돌아왔다.

소쇄원 걸으며

지곡 마을 입구에 들어서자
쏴아 댓잎 소리 세상사 잠시 잊으라 한다
최면에 걸린 듯 말없이 걸었다
쏴아 오욕五慾으로 탱탱하게 휘감긴 몸과 마음이
풀 먹인 연줄처럼 위아래로 당겼다 늦췄다 하며
놓지 않는다
언뜻언뜻 햇살이 푸른 댓잎 사이로
봄기운을 안고 쏟아지고 있다
유혹의 손길이 햇살의 정기에 파르르 떤다
댓바람 우는 소리에 심호흡 들이키며
힘겨루기하듯이
하늘 높이 날아가는 오욕五慾의 줄을 툭 놓아버렸다.

충장로

손 꼭 잡고
걷던 골목
널 그리며
걸어본다

꺾어질 듯
뻗어 있고
끝인 듯
끝없던 길

이제는

네 그리메*만
머무르는 충장로.

* 그리메 : 그림자의 고어

도서관에서 책을 읽으면

내게 하루하루는 언제나 행복이다
마흔셋이 밀어주는 아줌마 현실이
마음을 무겁게 짓눌려 두렵지만
한 아이의 엄마로서
한 남자의 아내로서의 자긍심
이 두 가지를 가능케 한 곳
난 이곳을 사랑한다
창밖의 빗방울 소리 들으며 책장을 넘기면
아름다운 시가 달려오고
가슴 아픈 소설이 뛰어오며
눈물의 기도가 안겨온다
나도 그들과 동화되어 두 눈에 눈물이 고인다
늘 반복되는 느린 행복
항상 같은 자리, 같은 시간에
그곳에서 나를 기다리는 그곳의 아늑함
'무소유의 소유'를 가르쳐주기에
난 하루하루가 늘 행복하다.

우리 집

하트 밑그림 위에
서로의 비밀을 찾아
밝게 색칠하여 문이 완성되면
옆으로, 뒤로, 앞으로
넓은 바다와 높은 산맥 같은
이해와 인내로
행복이 색칠되어 완성되는 우리 집
영양제 같은 남편 말과
활력소가 되는 아이 웃음소리가
나무와 새소리를 덧칠해
화목한 가정이 완성된다.

에스프레소

핸드폰이 진동한다
핸드드립 커피 강좌에 빠져 사는 친구가
뜸들이니 빨리 오란다

현관문 여니
진한 냄새가 당긴다

가운데 원을 그리며
30초를 기다렸다가
빵처럼 부풀어 오르면
물을 붓고 다시 뜸들이기

설탕 두 스푼 넣고
엄지손가락 치켜세우며
마시라 한다

사훌사훌 향을
한 모금 마시며
내 얼굴 찡그리자
친구 볼이 부풀어 오른다

천천히 음미하며
또 한 모금
젓지 않는 숨은 설탕 맛

뜸 들이듯
기다렸으며 느꼈을 단맛

또 한 모금 음미하며
혀를 자극하는 단맛에
웃음이 나온다

오늘도 반성한다
조금만 기다릴 것.

친구야 1

친구야
잿빛 구름이 내려앉은 강물이
느린 물살로 흐느적거리며 흐른다

이 시간이 지나면
햇살이 이슬 깨우듯
내가 갈 수 없는 곳으로
물길 따라 떠나겠지

친구야
굽이굽이 한숨과 눈물
끝이 보이지 않는 신산을 겪었으니
이제 행복할 거야

우리들 머릿속에
깊숙이 간직된 추억 안고
어디서 살든 잊지 말자.

봄날

뾰족뾰족 움 돋은 풀잎 위에 앉아
햇살 고운 봄
어머니 품에 안기듯
포근한 햇살에 취해 봄나물을 뜯으며
양지 바리에서 행복을 담습니다
네 잎 클로버 속에서 세 잎 클로버를 찾아
꽃목걸이를 만들어 목에 걸어보니 눈이 부십니다
네 잎의 행운이 아니라 세 잎의 행복이 가득한 봄
나의 봄날은 행복합니다.

기다림

너를 만나기로 한 그 카페
자동문의 풍경소리따라
고개 들면
바람 스치듯 지나가는 사람들

문이 열리고
문이 닫히면
내 눈은 문 쪽을 향해
잘 닦인 거울만
슬쩍슬쩍 쳐다본다

10분
20분
30분

쉼 없이 여닫는 문이
오직 너를 위해서만 열렸으면…

콩닥거리는 내 심장
몸은 그 카페에 두고
마음을 데리고 너를 마중 간다.

딱 그만큼

까치밥 옆의 감을 따기 위해
까치발 딛고 간짓대로 따면
딱 그만큼 길이가 부족하듯
내 삶도 목표에서 딱 그만큼 서 있다
한 발 뒤로 물러나도 딱 그만큼 다가오고
한 걸음 나아가도 딱 그만큼 멀어지니
두근거림 감추고 숨죽여 잽싸게 나가 서면
내 마음을 읽고 딱 그만큼 물러나 웃는다.

하필이면

김장 담그고 남은 마늘
찌개에 넣으려고 상자 벌리니
날카로운 새의 부리처럼 돋은 순이
나를 콕콕 쪼며 바라본다

한 줌의 흙도
물도 없이
견디기 힘들었다는 눈빛

하나 뽑아
옷을 벗기니 뽀얀 우윳빛 살결

등록금으로 고민하다 죽은 학생도
생활고로 목숨 끊은 소녀 가장도
절망의 껍질 벗겨낸
뽀얀 빛 희망을 꿈꿨을 텐데

잔인한 4월을
깨닫게 하는 마늘

왜 하필이면
내 곁에서 돋았니.

무심

산그늘이 반이나 내려앉은 물가
주저앉은 엉덩짝 반기는 물

그 물속에 누워
낮에 놀러 오는 해
밤에 물장구치는 별
세상 이야기 들으면
아침에 지나가는 구름
저녁에 지나가는 바람
세상 이야기 흘려보내
스스로 모난 곳을 둥글둥글 깎아
반질반질 윤기가 흐르는 돌

나도 그 속에 뛰어들어
햇살 받아 세수하고
달빛 받아 귀 닦아
발도 날개도 없는 말
세 치 혀에서 벗어나
돌멩이처럼 누워 살고 싶다.

비 오는 날

갑자기 친구가 보자고 해
허둥지둥 만나러 갔다
친구와 헤어져 집으로 향하는데
비가 한줄기 스치는가 싶더니
굵게 오기 시작했다
‘앗-차!’
아침에 비 온다고 했었는데…
주머니에 손 넣어보니
서둘러 나와 만 원짜리 한 장
‘택시 탈까? 우산 살까?’
파란 우산 사서 쫙 펼치니
구름이 둥실둥실 떠 있다
집까지 우산을 어깨에 걸치고
아이처럼 빙글빙글 돌리고 오는데
그냥 웃음이 나오고 즐거웠다
온몸을 휘감는 싸한 바람까지도 상쾌했다.

모기 한 마리

대설 경보 내린 겨울
TV 켜자 어디선가 나타난
잉잉거리며 날아다니는 모기 한 마리

TV 모니터에 딱 달라붙어
한미 FTA 철회 집회장에서
쏘아대는 물대포에 얼굴 가리며
이리저리 피하는 시민들 얼굴에 붙어 있다

물 피해 털옷 속에 촛불 감추고
뛰는 시민들 사이 휘젓고 노는 꼴이 가관
탁 치고 싶은 충동 참고 지켜보니

마지막 치 한 방울까지 흡혈귀처럼
빨기 위해 활보하며 돌아다니는 대범한 놈

하늘이 목숨을
두 개 준 것도 아닐 텐데
겁대가리 없이 활보한다

때가 돼도
스스로 사라질 줄 모르는 모기 한 마리.

부끄러운 아침

된장찌개를 먹고 싶다는 남편 말에
애호박, 풋고추, 양파, 두부 썰어 냄비에 앉히고
백미에 흑미와 현미 섞어 압력밥솥에 앉혀
가스레인지 켜니 불꽃이 들어오지 않았다
TV 보니 남편 불러 설명하자
건전지가 다 되어 그런 거라며 갈아 끼우니
파란불이 올라와 금방 보글보글 소리가 났다
밥을 뜸들이며 김을 자르는데
헛웃음이 나왔다
아침저녁으로 우리 식구 끼니 챙겨주는 그 속에
건전지가 있는지 없는지 몰랐다니…
나의 무심에 웃음이 자꾸 나왔다
하기야 내가 무심하게 지나친 것이
가스레인지뿐이겠는가
식기류 하나하나 보면서
고마움에 웃음만 나오는 부끄러운 아침.

물처럼

산 정상에서 갈증 해소로
물 한 컵 마시고
길 찾아 떠나는 물길 따라
산 아래로 향한다

큰 바위 만나면
아버지께서 우리 보듬듯
돌아돌아 보듬으며 흐르고
작은 돌 만나면
어머니께서 우리 만지듯
살살 만지며 흐르는 물길

묵묵히 흐르는 계곡 물 속
이리저리 뛰노는 물고기 떼들도
연어처럼 모천회귀 꿈을 갖고 있겠지

나도
어머니의 양수 속에서 놀던 때처럼
고향 돌아가 물처럼 살고 싶다.

수묵화 보며

십미터쯤 떨어져 본
수묵화 한 점의 비밀
빽빽한 숲 사이
나무들의 세세한 잔가지 사이 여백
하나하나 꼿꼿이 서 있어
빈틈없어 보이지만
넉넉한 공간이 숨어 있다

흔들고 싶은 바람의 마음을 알고
나무들이 길을 열어둔 것일까?

나무와 바람이 서로 돕는 것처럼
우리도 도우려고 틈을 넓혀 놓은 것일까?

헌책

겉장이 닳을대로 닳아 풀이 죽은 헌책
낀 먼지 털어내고 손질하여 꽂아 놓으니
어두운 밤을 오래 헤매다 밝은 불빛 만나듯
나에게 환희를 주는구나

찢겨 지맞은 다리 같던 헌책의 결자缺字들
군데군데 손으로 써서 아귀 맞추니
길 잃은 나그네가 이정표를 만나듯
옷에 끼우는 단추들이 구멍을 만나듯
나에게 제자리를 찾아주는구나

볼품없던 책들이 코뚜레 뚫어
짧은 노루 꼬리 같던 삶의 목표를
긴 기차가 되어 철길을 달리게 하는구나.

나물을 캐니

빈 가지 더듬는 바람에
눈물이 흘러나옵니다, 나도 모르게

보드라운 햇살 한 줄기
내 귀를 가만히 간질입니다

'나물 캐는 처녀는…'
귀에 익은 그 목소리는
정겨운 사연으로 남아
내 가슴 언저리에 맴돌다
저 홀로 희미하게 스러집니다

형님 가락에
님 부르던 꾀꼬리 안 잊고 찾아오는데
당신이 설마 잊으셨는지요

죽으면 도로 흙이 된다며
순리대로 살라고 하셨지만

당신이 진자리에 앉아

나물 캐는 우리에게
흙이 되기 전에 한 번만 오소서, 한 번만.

친구야 2

목련꽃 향기로
가슴 울렁이던 그 옛날 교정
지금도 흐드러지게 피었겠지

등 켜지 않아도
밤 10시 하굣길 밝히던 꽃

어느 날
진달래꽃 시 읊으며
눈물 흘리는 널 보며
첫사랑도 슬플 거라며 놀렸었지

예언처럼
넌 사랑에 실패했고
그렇게 거리 두었지

무심코 던진 말에
상처받고 우린
목련꽃 편지 주고받았지

아! 몰랐었어
꽃지에 용서란 말이
빽빽이 그려져 있었다는 것을

친구야, 용서해 줘
살면서 너의 사랑
이루어지길 늘 기도했단다

세월의 돌이 쌓일수록
그때 속없음이 아리고 아린다.

고향길

늘 보고 싶은 사람들 어디로 갔을까
늘 안고 싶은 사람들 지금쯤 어디에 있을까

강물은 욕심 없어
바쁘게 흐르지 않아
그 자리에 있고

들꽃은 욕심 없어
서둘러 피지 않아
그 자리에 그대로 있는데

강물처럼 들꽃처럼
욕심 없는 사람으로
우린 살 수 없을까.

편지

붉은 해 서산에 서성일 때
100일 첫 면회 날
그렁 그렁 거리던 토끼 눈망울 떠올라
편지 답장 적어 들고 집을 나섰다

삼거리 신호등 옆 멈춰
우체통에 편지 넣는 순간
라일락 향기가
휘파람 소리가
낮은 기침 섞인 한숨 소리가
뜨거운 사랑의 사연이 들리는 듯했다

빛의 속도 전자메일로
비어 있을 것 같던 빨간 우체통에
수족관에서 자맥질하는 금붕어처럼
뽀글뽀글 뿜어 오르는 소식들이 나를 떨리게 했다

그리움 가득 담은 편지
빨간 수족관 같은 우체통에 실어 보냈다, 오늘.

갈대

수평선 바라보고 있으면
석양 따라 쉬러 가는 햇빛에
물비늘 부비던 물결

바다에 숨었다가 별이 된 불빛들
반딧불 되어 떠오르면
수런거리는 그리운 바람

불 환히 밝혀 기다리나
둥지 찾아오지 않는 임

허리 굽은 내 그림자만
오늘도 갈대 되어 흔들린다.

사진 한 장 1
-6살 때 찍은 사진을 보고

사진 속에서 걸어 나오는 노란 핀 꽂은 아이
담벼락에 자전거 기대고 휘파람 불던 아버지가
팔 벌려 안아 올린다
자전거 뒷좌석에 앉히고 가방은 손잡이에 걸친 후
출발하자
휘파람소리에 큰 풀들 허리 숙이고 키 작은 풀들
고개를 든다
목을 뒤로 젖힌 아이의 눈썹에 바람이 꽃잎
달아주자
하하하 웃는 아이
아이 웃음에 멈춘 아버지 꽃잎 떼어주며
활짝 웃으신다

빛이 잘 조절된 사진 한 장
거실에 걸려 있는 액자처럼
벚꽃 환한 길 영원히 내 가슴에 남아버렸다

이제는 알겠다

바람이 두어 묶음 흐르는 동안
툇마루에 걸터앉아
훈련소 퇴소식 때 찍은
아들 녀석 사진보다 편지 쓴다

수련이 그려진 편지지
일렬로 나열하는 꼬마 병정 글
'보고 싶다 그립다♡♡♡'

문득
흩날리던 시간 속
어머니 품에 있었던
흑백사진 속 오빠

김매다 한 번 꺼내보고
아궁이에 불 지피다
따뜻한지 물으며 어루만지고
밥 한술 뜨다 또 한 번 꺼내보며
쭈뼛쭈뼛 솟은 그리움 달래시던 어머니

오빠 생일날 상에 수저 놓으며
도라지꽃 맑은 이슬처럼
반짝이던 눈물 훔치며 파르르 떨던 어머니

그때는
오빠만 생각하는 어머니께
이유 없이 투정부렸다

번쩍 내지르는 번개 뒤
갈라진 하늘에서 장맛비가
죄송한 내 어깨를 들썩거리게 한다

'보고 싶다 그립다'
어머니의 에둘러 사랑
이제는 알겠다.

신발 두 짝

빨리 걸어도 거기서 거기
천천히 걸어도 거기가 거기
차라리 지저귀는 새 소리 맞춰 걷는다

'박자나 셀 걸
누가 브레이크를 밟아 나 좀 잡아주지'
내 무게가 가볍지 못하니

한 발 옮길 때마다
제자리 걸음질이다

날숨 들숨 반복하며
발목 정강이까지 올라온
진흙을 떼어본다

벗겨진 신발 두 짝만이
나를 뒤돌아보게 한다

'괜찮아! 울지마!'
'괜찮아! 울지마!'

입속으로 웅얼거리는 내 소리

'빼꾹, 빼꾹'
귀에 익은 그 목소리
묻어버린 내 기억 속에
숨었다가 희미하게 투영된다

문득
눈물이 난다

수렁에서
빠져나오는지
빠져들고 있는지

질펀한 내 손과 발에
들어 쥔 신발 두 짝
이것이 나의 모습이라는 것이.

왜?

사투리가 귀에 설고
골목이 낯설어서
며칠을 울고 울다
조카 결혼식장에서 웃다
살림 어려운 이야기
사촌들 안부 물으며
마주앉아 수다 떨다
고향의 하늘 보니
아직도 부재중
고향에서는 내가 타향에 있고
타관에서는 내가 고향에 있다
더부살이 서른 해
나는 항상 낮달처럼 희미하게 사는 걸까, 왜?

고향집

무너진 흙담과
깨어진 기왓장 사이
햇살과 바람만 들락거리고

장독 가에
귀를 세운
망초꽃은
하늘 향해 소리치고 있다

세월이 여섯 번 휘감아 쳐
내 기억이 자꾸 꿈속의 고향으로 멀어져가도
그래도 남아 지키는 것이 있어 참 다행이다.

사진 한 장 2

바닷물이
머언 별 연모하여
들썩거리니

미련의 울음 반죽이
자꾸만 자꾸만
흘러내린다

가슴속 헤집고
앵 돌아 떠나던
그 모습

허물어진 가슴
허공에 내걸어
검푸른 얼혈 바다에
흘러 떠난 줄 알았는데

어설프게 그린
초상화 같은 사진 한 장

그날 찢어버렸으면
오늘처럼
해파리 되어 흐늘거리지 않을 텐데

나를 보고
웃고 있는 그 사람

내 심장에
당신의 영혼이 살아
핏속에 흐르고 있다니

떠난 사람
떠나 보내지 못하는 난
미련 곰탱이
참말로 미련 곰탱이.

폐교하던 날

플라타너스 잎에
비가 내린다
후두둑후두둑

작별 앞에
잔뜩 움츠린 나무들
하염없이
눈물 떨군다

별처럼 찍힌
발자국 위에
갈피갈피 묻어나는 추억들

5월 성모성월 행사
부활절 성가대회
성탄절 유리창 장식대회
체육대회 수녀원 개방 날

마지막 흔적까지
쓸어가려는 듯

뛰놀던 동산에
비가 내리고 있다

삼삼오오 손잡은
우리 마음에도 비가 내린다, 진종일.

장원봉에 올라

장원봉에 올라
맑은 하늘을 바라보면
의자에 누워 있고 싶다

내 앵글 속에 들어오는 하늘만큼
더도 말고 덜도 말고
구름따라 흘러가
딱 그만큼만
내 욕심 비우고 싶다

장원봉에 올라
맑은 하늘 바라보면
의자에 한없이 누워 있고 싶다

내 앵글 속에 들어오는 하늘만큼
더도 말고 덜도 말고
새소리 물소리 따라
딱 그만큼만
내 욕심 버리고 내려오고 싶다.

그나마 다행이다

"나는 무슨 꽃일까?"
"꽃? 들풀이면 다행이지"
내 말이 떨어지자마자
용수철처럼 튕겨 나온 그녀의 말
"그래 들풀이면 다행이지"
무슨 배짱으로 꽃이길 바라나
어처구니없지 암 없지
목련, 장미, 국화
눈부시지 않으나
잎 필 때 피고 잎 질 때 지며
향도 없는 들풀이 꽃을 따라 한다고
화려한 꽃이 되겠는가
뱁새가 황새 따라 하다 가랑이 찢어진다는 말
왜 이리 쉽게 잊고 사는지
바람 불면 흔들고
오가는 새들에도
나 여기 있다 손 흔들며
그렇게 사는 거지
들풀이어서 그나마 다행이다.

들국화

장원봉 비탈길 들국화 보니
저린 그리움 주저할 수 없다

가을이면 밭 가에 핀 들국화 꺾어
집 여기저기 꽂아두시며 좋아하셨던 어머니

흔들리는 추억 속에서도
하얀 무명 저고리 옷섶에
들국화 꽂고 미소 짓고 계시니…

어머니
가을이 왔어요
들국화가 만개했어요

가을 편지 쓰면
볼 수 없어 안타까워할까 봐
차마 편지를 쓸 수 없다.

제2부 사랑

사랑한다
안 한다
사랑한다
안 한다
……

첫사랑의 화살 맞고
그의 마음 얻기 위해
무작정 설레던 날
아카시아 그늘 아래서…

홍매화

멍울멍울 부풀어
터져버린 불꽃들
살풀이 춤추듯
군무 이루며
붉은 가슴 적신다

입술에 미소
가득 실은 바람에
매화꽃 한 잎
하르르 내려앉는다

그윽한 향기
잡으려 손짓하지만
허공에 흩어지는 꽃향기뿐

물안개 너머로
시린 세월 껴안고
기다려 온 봄이
그리움 숨결로 나를 안아 잠재운다.

당신과 하나 되어

당신이
바다라면
나는 그 안에서 숨 쉬는
물고기가 되고 싶어요

눈부신 아침
투명한 빛이
얼굴을 간지럼 태울 때
넓은 가슴으로 살포시 안아주는 당신

그 안에서
당신과 하나 되어
당신은 출렁이고
나는 춤을 추고 있지요.

사랑이

나무에 생기를 불어넣어 초록으로 빛나게 하던 봄도
짙푸른 녹색 비로 촉촉이 적시던 여름에도
당신의 사랑이
제 곁에 머물고 있었지요
하지만
아름다움으로 채색된 이 가을에
밟으면 밟을수록 바지직 목이 타들어 가는 낙엽이
바로 저의 모습일 줄…
바람 한 점이 내 가슴 속에 찾아들어
진을 치고 떠나지 않습니다
거울을 박아 놓은 듯 맑은 물속처럼
내 가슴속 그림자를 훤히 비춥니다
무심코 던진 돌멩이가 물결을 일렁입니다
뿌옇게 휘감은 안개가
서서히 걷히는데
눈이 먼 것일까요?
토라진 내 사람은 돌아오지 않으니…

어머니의 항아리 1

바람에
먼지가 쌓인 채
뉘 손길을 기다리나

달빛이
사알살
쓰다듬고 입 맞추니

화들짝
엄니 손길에
울컥울컥 요동치는 항아리.

어머니의 항아리 2

깨어진
항아리 속
물 마시던
세상 바람

놓아라
그만 놓아라
쉬었다가
제 갈 길을 가거라

어머니의
따슨 목소리에
서걱서걱 몸을 떤다.

어쩌면 좋아

천리향 바람 따라와
파고든 씨앗

내려앉은 봄눈처럼
찬찬히 스며들까 봐
가슴이 두근두근

아~~
빗줄기에
흠뻑 젖은 뿌리

달이 커지듯
천천히 고개 들어
오늘 밤
내 마음 동동거리게 한다

어쩌면 좋아.

어느새

너는 나에게
나는 너에게

햇살처럼
꽃처럼

반짝이는 미소로
화사한 불꽃으로

햇살에 꽃이 물들 듯
꽃이 햇살에 물들 듯

가을빛에
꽃물 되어 하나 된다

나는 너로
너는 나로

사랑차

창가에 찻잔을 두니
햇살이 흘러
온기가 모아져 데워진다
사랑초 하나
하트 하나
그리움 하나
찻잔에 띄워
그대 보고 싶다
살며시 내미니
차 한 모금에
미소 띠고
차 두 모금에
얼굴이 환해진다.

온다 안 온다

온다
안 온다
온다
안 온다
……

아카시아 그늘 아래서
고등학교 시절 단짝인 친구와
미래의 사랑이 우리들에게
오는지 안 오는지 점쳤었지…

사랑한다
안 한다
사랑한다
안 한다
……

첫사랑의 화살 맞고
그의 마음 얻기 위해
무작정 설레던 날

아카시아 그늘 아래서
사랑한다 안 한다 점쳤었지…

나의 손에서
수없이 떨어져 나간 잎들

온다
안 온다
온다
안 온다
……

아카시아 그늘 아래서
그이를 기다리며
아이가 세고 있다.

사랑의 실타래

어둠이 짙어지자
너에 대한 감성感性이 살아있기에
너를 부르며 울음소리 깊어진다

내가 너를 부른다는 건
그리워한다는 것
그리움을 안다는 건
내가 안에 간직하고 있다는 것

너를 간직했다는 건
기쁨으로 안다는 것
너를 사랑한다는 것

어둠의 그림자가 짙어질수록
너에 대한
애틋함이
그리움이 커진다, 여명이 밝아오도록.

사랑한다는 말

너밖에 없어
너를 사랑한다란 말
이제는 잊으리

두 눈 감고 수만 번 되뇌지만
눈 뜨면 너를 향한 나의 마음
포기할 수 없어 괴롭다

저 만치 멀어져가는 네 모습
너의 마음을 얻지 못한 것보다
네가 내 곁에 있어 난 행복한데
넌 구속으로 생각하니
이제는 정말 잊으리라

아~
사공은 노를 마음대로 젓는데
난 왜 이리 힘드니
배를 젓지 않아도 너를 향해 흘러가는구나.

사진첩을 넘기면

언제부터였을까

밤새 잠재우지 못한
밤새 조용하지 못한
내장에
진한 커피 부어넣고
굶주렸던 시장기 안고
햇살 파편 부둥켜 안으며
가슴 데우기 시작한 것이

오늘도
나른한 햇살 타고
열린 문으로
하늘하늘 거리며
낯익은 얼굴들 기웃거린다

힘들고 슬플 때면
늘 소리 없이 다가와
한 마디도 없이
가까이 앉아 웃을 뿐

언제 날아갈지를 모르다가
햇살바람에 나갈까
문 닫고 부둥켜 운다

나의 하소연
허심탄회한 이야기에
미소만 지을 뿐

나를 울리고
나를 슬프고
나를 기쁘게 하는
시간 속 추억 주인공들 껴안고
가슴을 데우고 데운다 또.

제3부 그리움

허-헛!
기침하시며 마루로 나가시는 아버지

방문을 닫고
소리 없이 큰 숨 내쉬는 어머니
기름을 다시 바르고 윤을 낸다

그때는
그래도
빛이 빗 결따라 윤이 나던 시절이었다

한걸음이었습니다

푸르던 산빛이
흰 꽃 되어 손짓하니
외로운 마음이 먼저 달려가
무덤 앞에 서 있다

작은 봉오리 어루만지니
그리웠다 그리웠다
이슬같이 고인 눈물
내 손끝 적신다

희끗희끗 꽃들마저
나를 보듬으며
보고 싶었다 나부낀다

지금 이 순간
간절히 원하는 것이
당신의 따스한 손길이란 것을
말하지 않아도 아시니

산바람 눈물에 실려가니
한걸음이었습니다.

어머니 1

오월이 오면 불러보고 싶은 이름이 있습니다
혀끝에서만 맴돌고 말아
이겨낼 자신이 없어 부르지 않으려 마음먹고
겉으로 허허거려도
참말로 보고 싶은 얼굴이 있습니다
코끝에 맡아 보고 싶은 향취가 있습니다
눈으로 뱉지 못하고
가슴에 맺혀져 있는
모두가 그러고들 산다고는 하지만
그 이름이 혀끝에서만 맴돌고 말아
속은 스민 눈물로 하나 가득
씻어낼 자신이 없음을 한탄합니다
꿈속에 그냥 그대로 두고
나 웃으면 당신도 웃으시고
나 아파하면 당신은 더 아파하시니
어찌 그립지 않겠습니까
오월이 오면
당신을 잊을 수 없어
카네이션을 접고 접기를 13년

소용돌이치는 이 그리움
오늘 밤에는 가져가소서, 어머니.

어머니 2

큰방 아궁이에
불 지피던 어머니
부지깽이로 불쏘시개 넣으며
토드닥토드닥

딸 여섯 낳아
성치 못한 몸이라 부르는
할머니 잠든 틈 타

환한 빛 피해
솔밭 길로
그림자 하나
살금살금

밤하늘 쌍동 아들별
잘 자는지 보러
발김 걷는다
몰래몰래.

어머니 3

북망산 먼저 간 아들 둘
밭 가운데 묻은 어머니
달이 비치도록 앉아
밭고랑 메신다

어디선가 날아온
손금 닮은 여린 잎에
뿌옇게 안개 끼고
달이 중천에 오르자
밭고랑 걸어 나오신다

별이 된 아들 둘
어머니 길 비춘다, 환하게.

어머니 4

내 어머니는
옷 여밈을 항상 강조하셨다

사람은 옷 여밈이 단정해야 한다
들어도 싫지 않은 소리

새벽마다
장독대에 정화수 떠 놓기 전에도
옷을 여미고 손 모아 기도드렸다

한여름 찌는 불볕 아래
김매실 때도
늘 몸빼가 흘러 허리가 보일까 신경 쓰셨다

한복을 입으실 때도
얼굴에 화장하는 것보다
치마의 여밈에 신경쓰셨다

허리띠 졸라매지 않아도
어머니의 치맛자락은 오르내림 정확했다

평생을 그렇게 살아온 어머니께서
오늘도 첫 새벽
첫닭이 울기도 전에
장롱 깊숙이 간직해 온
수의를 갈아입으신다

옷 여밈 신경 쓰일 텐데
왜 저리 누워계실까.

어머니 5

간밤 담가놓은 미역을 꼭 짜자
물컹한 슬픔이 손가락 사이로 들어온다

미역국 끓여
양푼 수북이 한 그릇을
못 드신 어머니

아들
딸딸딸
아들아들
딸딸딸

두 아들
북망산 보낸 죄가 그리 컸을까

딸 여섯 낳은 죄로
성치 못한 취급 받은 어머니

내가 첫 아이 낳던 날
미역국을 양푼 가득 주시며

"니는 밥값 했으니 많이 묵어라"
목 울음 들려주셨던 어머니

오늘
내 손으로 끓여 먹는 미역국이
서러움에 울고 있다.

화순 이야

실개천이 흐르던 곳
살얼음 위 반짝이던
물빛 보석이 지금도 눈에 어린다

큰 가마솥 가득히 삶아내어
둘러앉아서 먹었던 고구마
먹어도 먹어도 시원한 동치미 맛
그때처럼 맛있게 먹어 본 적이 없다
내 나이 열살

한밤중에
갑자기 두런거리는 소리가 났다
집안에 불이 밝혀지고
발자국 소리도 들려왔다
덩달아 바람소리도 들려왔다

작은아버지께서 들어오는 소리
'이별의 부산 정거장' 노랫가락
"우리 조카가 왔다고
내 호떡 사 왔재"

술향이 나를 깨웠다

할머니께서 조용히 하라고 손짓해도
이별의 부산 정거장 노랫소리는
문밖을 내달렸다

노랫가락을 자장가 삼아
잠이 들었던
아버지의 고향 화순 이양.

나의 어머니

탐진강에서 사진을 찍는다

인화지에 묻어나오는 연지곤지 찍은
열일곱 살 소녀 나의 어머니

외할머니와 헤어짐이 싫어
눈물로 얼룩진 얼굴 숨기신다

강 건너편에 서서
손 흔드시는 외할머니께
'엄니, 잘살게요.'
눈물 보이기 싫어
뒤돌아보지 않으려
꽉 깨문 입술 파르르

그리움 감춘 댕기 머리가
흰서리 맞아
강을 건너 외할머니께 간다.

고무신

어머니 살아생전
–보고 싶은디 바쁘냐?
–네… 왜 무슨 일 있어요?
별생각 없이 뱉은 말

오늘은
전화하지 않으셔도
부르지 않으셔도
어머니 집으로 향한다

대문 열고 들어서니
마루에 뽀얗게 쌓인 먼지와
귀퉁이에 고무신 한 켤레

–바쁜디 뭐하러 왔냐?
–보고 싶어… 많이…
고무신만 마냥 좋다고
하얗게 웃으며 나를 반긴다.

그리움에

낙엽들은 휘모리장단으로
몰려갔다 몰려왔다

계절의 변화도 느끼지 못한 채
다시 가을의 끝자락에 서 있는 어머니

장단이 다시 시작되면 어머니는
열병의 덫에 걸리듯
옴짝달싹 못하며 누워있었지요

핑그르르 눈물길 멈추지 않으면
물안개 껴안고
가슴 속 반쪽이 보러 갔었지요

밭고랑에 묻던 날
새 두 마리가 긴 울음 토해
불어난 젖을 고랑에 짜 주었다지요

어머니 밤 눈물 따라
별들도 방울방울

사르르 떨었다지요 밤마다

너무나
높게 자란 그리움이
어머니의 밝았던 아침을 가리운 지 쉰 해 되던 날
맘 놓고 보러 달려가셨지요

길고 오랜 기다림 소풍 길
오빠들이 마중 나왔나요
이제는 안녕하신지요

오늘 밤에는 불효자가
자욱한 연기에 갇히듯
콜록콜록 슬픔을 토합니다.

어머니 마중 가신 아버지

꺼이! 꺼-이!
하늘이 큰소리로 울부짖습니다.
시간의 무게 내려놓으시고
국화꽃이 흩날리던 날
마실 간 어머니를 마중 가신 아버님

늘 다림질해서 보관하셨던
그 무명옷 한 벌 걸치시고
아무 말씀 없이 떠나시니…
참으로 야속하십니다

어머니가 그리 걱정되셨는지요?

아버님 태운 꽃차가
굽이굽이 일흔아홉 고갯길을 돌며
'어찌 이리 더디냐?' 하시니…
참으로 야속하십니다

어머니가 그리 뵙고 싶은지요?

거북등처럼 말라가는 자식들의 마음은
아랑곳하지 않으시니…
참으로 섭섭합니다

이 애닮은 마음 뒤로 숨기고
편안히 잠드시라 합장합니다.

뫼비우스 띠

땅에 딱 붙은 난쟁이 키로
골골이 접힌 주름 올무에
갇혀 사는 무기수처럼

본 모양 닮아 헤어진
손바닥 발바닥에
노동의 때 마른버짐 흰 꽃 피어
꼬치꼬치 자맥질하던 하루하루

힘들 땐 인생 가로질러
무단횡단도 할 수 있으련만
가족이란 등짐 벗을 수 없어
얹고 산 아버지

그 뫼비우스 띠가
잘라도 잘라도 사다리 되어
내게 와 있다, 오늘도.

산소 가는 길

억새꽃 환한 등성이
갈색 바람 더듬더듬 길 밟고 가니
지칠 줄 모르고 피어있는 구절초

밭일하다 마중 나오나 두리번거리니
갈바람에 눈시울 흐려지고
반기는 구절초에 발걸음만 빨라진다

산이 눕고
강이 안고 넘은 13년

숨 고르며 개울 속살에
두 손 담그니
흙 묻은 손 씻던 어머니 생각에
따뜻한 물살이 가슴까지 차오른다.

봄 소풍

사진 한 장이 내 눈길을 끌고 들어간다

자연이 빚어내는 가장 황홀한 시간
이른 아침 이장님 목소리가 울려 퍼진다
“오늘은 봄 소풍 가는 날잉게. 서두르시오.”
봄의 한복판 꽃길이 된 황톳길 위에서
어머니의 남색 치마가 펄럭거린다
연분홍으로 물든 가슴에
누군가 시작한 콧노래가 들리면
저 깊숙이 들썩이던 어깻짓이 덩실덩실 춤을 추고
바람이 뺨을 스치고 지날 때마다 꽃 비에
흠뻑 취해
집안일, 농사일, 시름까지 훌훌 벗어던진다

꽃띠 처녀의 얼굴로 물들어간 어머니
붉게 물들이던 해가 산 너머로 휘적휘적 넘어가도
소풍이 아쉬워 길을 서성거린다

어머니의 그 모습에
내 눈가만 소리 없이 촉촉해진다.

아버지의 메모

엿가락처럼 길게 늘어진
낙조가 수평선 아래로
서럽게 잠길 때면
아버지 보고 싶어 앨범을 펼친다

사진 한 장 한 장
써 놓으신 우리와의 추억
아버지 깨알 글들이 밖으로 흩어져
그때의 장소로 인도한다

성전 무위사에서 다섯째와 함께
성전 경포대에서 큰 손주와 함께
명사십리에서 집사람과 함께
오동도에서 막내와 함께…

닳고 얼룩진 사진을 살며시
만지니 다스함이 흐른다
'아버지, 아버지'
불덩이가 올라와 목울대를 친다.

비린내

까닭 없다
별일이다
비린내가 그립다

바다에 갈 수 없어
수산물시장 서성인다

코끝을 싸하게 간지럽히며
역하면서 정감 나는 냄새

아버지는 낚싯대를 챙겨
저수지로 향하셨다

수심 깊은 얼굴
무엇이 그리 복잡했을까

그렇게 침묵하다
잡은 붕어 놓아주고
비릿한 냄새만 갖고 오셨다

샘가에 앉아
비릿한 옷 빨던 어머니
혼잣말처럼 크게 말씀하셨다

잊어부리자
붕어도 놓아주었는디
그깟 돈 몇 푼이라고 속 끓인다냐

담배만 피우시던 아버지
허~허 지침 하시며
우리들 들을까 봐 조용히 해라 손짓하셨다

아버지 굵은 주름살 속에
비린내가 켜켜이 들어 있는 날은
두 분의 생각이 늘 하나가 되었다.

춘곤증

노루 꼬리 같은 꿈에
어머니가 내 손목을 덥석 잡는다
'……'
무슨 말씀 하시고 싶으신 걸까
아궁이에 군불 땔 때
눈에 검불이 들어가면
'조심하재 그랬냐' 하시며
살살 혀로 핥아주셨던
그 따스한 목소리
목을 빼고 더 들으려 해도
찬물로 세수한 듯
'……'

그래도 좋다
짧은 만남이지만 어머니를 만날 수 있어서……

꿈속에서

꿈속에서 나는 날마다
서성리 136번지
낯익은 고샅길을 거닐고 있다
누가 오라는 것도 떠민 것도 아닌데
매일 그 고샅길을 헤매고 있다
어릴 적 우리 집 대문…
분명 어머니께서 환하게 웃고 맞아 주시는데
왜일까?
글쎄…
난 한 발짝도 떼이지 못하고
어머니께서는 오던 길 다시 뒤돌아가라고
자꾸 손짓만 하시니…
오늘도 서운한 마음에
꿈속에서 낯익은 고샅길만 오락가락하고 있다.

어머니, 말씀하시지

보고 싶다
한 말씀만 하시지…

어머니 탈상 후
유언에 따라 물건 정리하다
딱지처럼 접은 지폐들 보니 가슴 아팠다

그것도 제 주인 아는지
하나씩하나씩 펴면
오그라들고 오그라든다

치매에 걸리셔
기억에 없는 우리 대신
어머니 마음속 깊이 자리 잡은
단 한 사람…

열넷에 시집가
청상과부 된 막내 이모
용돈 주시려고
속곳과 버선에 숨겨놓은 돈

그것 접으며
고통과 아픔의 물결 태풍 쳤을 어머니

물 한 모금 마시는 것도
하늘 한 번 쳐다보는 것조차도 괴로우셨을 어머니
우리가 귀먹은 것도 아닌데
얼버무린 시늉이라도 내시지…

이모 그리워
몰래 남새밭에서 우셨을 어머니 생각하니
내 마음속 펌프가
끝없이 끝없이 물 길어 올린다

보고 싶다
한 말씀만 하시지.

고향 집

눈으로 그리다
생가의 점으로 이어 보다
커다란 선을 그리니
토담 길 너머 우리 집

굴뚝에서 연기 나고
벚꽃 흩날리는 마당에서

새끼줄 뛰노는 우리들
"꼬마야~~ 꼬마야~~
…… 땅을 짚어라~ ~"

우리들 노랫소리
우리들 웃음소리
벚꽃 따라 흩어진다

그리운 기억들 잃지 않으려
눈 감아도
눈 감으니
더 환해지는 그곳.

무위사에서

법당 뜰 거니는 바람
가을 햇살 쓰다듬으며
내 마음 자락으로 들어온다

객지에 나간 자식들
무사안일 빌며
집보다 더 드나드셨던 곳

독경 소리따라
탑 돌며 극락왕생비니
귀가 자란 산사山寺 나무들도
허리 굽혀 함께 기도한다.

역시 오기를 잘했구나

봄꽃들이 피었습니다
진달래가 만개하고
산수유 꽃을 틔우고
벚꽃들 팝콘처럼 툭툭 터져
나에게 봄을 전합니다
피는 꽃들 나를 휘감고 손짓합니다
김밥 한 줄 말아
돗자리 들고 찾아가 앉으니
내 그리운 고향 탐진강 변
겨울잠에서 깨어난 물고기들
모래 알들이 들여다보이는
맑은 물속을 자랑하듯 첨벙대며 놀고
강기슭의 노란 개나리 타고
쭈-욱 다가온 햇살은
따가운 봄볕이지만
어머니의 품처럼 포근합니다
김매러 가시는 허리 굽은 어르신들
자전거 세워놓고 웃는 다정한 연인들
소풍 나온 유치원생들
한 폭의 '봄날의 평화' 그림 속으로

나를 빠져들게 합니다
오순도순 이야기를 나누는 모자母子 가까이
두어 걸음 다가서니
내 유년의 액자속입니다
봄꽃들이 피었습니다.

아, 어머니

저녁 먹은 것이 명치 끝에 걸려
누워 있기 힘든 밤
무명실 칭칭 동여매고
엄지손가락 첫째 마디를 땁니다
툭 터져 나오는 선홍에
'어째 늘 체한다냐'
걱정하던 어머니의 목소리가 들려옵니다
잦은 체증에
잠 못 주무시고
꺼-억! 소리 날 때까지
등을 쳐 주셨던 어머니
오늘 밤에도 그 따뜻했던 약손이 그리워
잠 못 이룹니다.

당신이 그리울 때면

그리울 때면
추녀 끝에 흔들리는 풍경이 되어
바람 타고 오는
목소리 들을 수 있을까
빈 가슴이 마중 갑니다

당신 얼굴
당신 손
당신 가슴에
품었다 온 바람이
나 보고 싶다 전해주는 그리운 편지일까
한참을 붙들고 찾아보는 향기

내 그리움 닿을 수 있도록
늘 만나던 그 자리에서 기다린다고
바람에 실어 나의 향기 보냅니다. 아버지.

맷돌

뒷마당 이끼가 뿌리 내린 자리
아가리에 백태처럼 흙이 껴
머리 박고 있는 맷돌

샘가로 가져와 씻어
숫돌 위에 암돌 얹혀
어처구니 돌리니
드륵-드르득-드르륵
경쾌한 소리가 난다

어릴 적 평상에 앉아
어머니 아버지께서 어처구니 잡고
도란도란 이야기 나누시며
두부 만들기 시작하면
우리는 마당 징검다리 수 세며
갈아진 걸쭉한 국물량 확인 했었다

드르륵---드---르륵
이가 맞지 않아
콩이 덜 갈아지고

이리저리 튀는 것처럼
두 분도 갈다 큰소리 나고
어머니 잔사설 하셔도
아버지께서는 늘 웃음 베어 무셨다

드르륵-드르륵
아귀가 맞아 잘 갈아지는 맷돌처럼
우리 부부도 그렇게 살고 싶다.

빗, 빛

이른 새벽
희미한 백열등 아래서
동백기름 발라
참빗으로 머리 빗다가
우리 남매 등록금 고지서 보며
한숨 쉬는 아버지를 슬며시 돌아보는 어머니

어두운 불빛에도
대낮의 환한 빛 아래서
그림 색칠하는 붓처럼
곱게 빗질하던 어머니 손길 멈춘다

깨알처럼 써진 가계부 숫자
하나하나 빗으로 읽어 내려가다
끝장을 넘기신 어머니
입가의 미소 띠며
빗질을 계속하시며 혼잣말한다

남매 건강 하것다
우리 부부 건강 하것다

뭔 걱정이까
가을 수확 후 갚으면 되제

허-헛!
기침하시며 마루로 나가시는 아버지

방문을 닫고
소리 없이 큰 한숨 내쉬던 어머니
기름을 다시 바르고 윤을 낸다

그때는
그래도
빚이 빚결따라 윤이 나던 시절이었다.

다산초당에서

물빛 산빛 담아
초록 불 밝힌 대청마루에 올라
실안개 자욱한 오솔길 저편
구강포 갯벌 바라본다

섣달그믐 바람은 날 서고
강물은 얼음판 아래서
소금발 같은 차가움으로 출렁일 때

송림에 묻혀
형님 부르며
그리움에 책 이슬 적셨다는 것을
누가 알랴

귤동마을 동백보다
더 붉은 울혈을
먹물로 삼은 붓끝으로

시집가는 딸에게
아비의 미안함을

공부하는 아들에게
군자의 도리를 써 내려갈 때
녹이 슨 문고리가 젖은 어깨를 들썩였다는 것을
파도가 목쉬어 울었다는 것을
누가 알랴.